poetas do mundo

EDWIN MORGAN

FUNDAÇÃO UNIVERSIDADE DE BRASÍLIA
Reitor
Timothy Martin Mulholland

Vice-Reitor
Edgar Nobuo Mamiya

Diretor
Henryk Siewierski

Diretor-Executivo
Alexandre Lima

Conselho Editorial
Beatriz de Freitas Salles, Dione Oliveira Moura, Jader Soares
Marinho Filho, Lia Zanotta Machado, Maria José Moreira
Serra da Silva, Paulo César Coelho Abrantes, Henryk
Siewierski, Ricardo Silveira Bernardes, Suzete Venturelli

poetas do mundo

EDWIN MORGAN
Na Estação Central

Seleção, tradução e introdução
de Virna Teixeira

Coleção Poetas do Mundo
dirigida por Henryk Siewierski

Equipe editorial
Rejane Meneses · *Supervisão editorial*
Anderson Moreira Lima · *Arte e projeto gráfico*
Válmi Hatje-Faggion · *Revisão*

Copyright © 1993 *by* Collected Poems of Edwin Morgan
published by Carcanet Press Ltd. 1996
Copyright © 2006 *by* Editora Universidade de Brasília, pela tradução

Impresso no Brasil

Direitos exclusivos para esta edição:
Editora Universidade de Brasília
SCS - Q.2 - Bloco C - nº 78 - Ed. OK - 1º andar
70300-500 Brasília-DF
tel: (0xx61) 3035 - 4211
fax: (0xx61) 3035 - 4223
www.editora.unb.br
www.livrariauniversidade.unb.br
e-mail: direcao@editora.unb.br

Todos os direitos reservados. Nenhuma parte desta publicação
poderá ser armazenada ou reproduzida por qualquer meio sem
a autorização por escrito da Editora.

Ficha catalográfica elaborada pela
Biblioteca Central da Universidade de Brasília

	Morgan, Edwin
M847	Na Estação Central / Edwin Morgan; seleção, tradução e introdução de Virna Teixeira. – Brasília : Editora Universidade de Brasília, 2006.
	94 p.
	ISBN 85-230-0895-0
	1. Poesia contemporânea. 2. Poesia inglesa. 3. Poesia escocesa. I. Teixeira, Virna. II. Título.
	CDU 82

Sumário

Introdução – *Virna Teixeira* / 9

From the North / 20
Do norte / 21

Strawberries / 22
Morangos / 23

The Beginning / 26
O início / 27

The Divide / 28
O divisor / 29

The Woman / 32
A mulher / 33

Smoke / 34
Fumaça / 35

Absence / 36
Ausência / 37

At Central Station / 38
Na Estação Central / 39

Oban Girl / 42
Garota de Oban / 43

Aberdeen Train / 44
Trem de Aberdeen / 45

At the Television Set / 46
Na frente da televisão / 47

Five Poems on Film Directors / 50
Cinco poemas sobre diretores de cinema / 51

Antonioni / 50
Antonioni / 51

Grierson / 52
Grierson / 53

Warhol / 54
Warhol / 55

Kurosawa / 56
Kurosawa / 57

Godard / 60
Godard / 61

Je ne regrette rien / 64
Je ne regrette rien / 65

The Old Man and the Sea / 72
O velho e o mar / 73

The Death of Marilyn Monroe / 76
A morte de Marilyn Monroe / 77

Estranged / 80
Afastado / 81

Planets / 84
Planetas / 85

Translunar Space March 1972 / 86
Espaço translunar março de 1972 / 87

The Loch Ness Monster's Song / 90
A canção do monstro do Lago Ness / 91

Siesta of a Hungarian Snake / 92
Siesta de uma cobra húngara / 93

Introdução

O título deste livro, retirado de um de seus poemas, "Na Estação Central", funciona como uma espécie de ponto de partida ou bússola para a poesia de Edwin Morgan: a Estação Central de trens em Glasgow, na Escócia. Existe um traço de nacionalismo comum aos poetas escoceses e, embora Edwin Morgan seja um poeta cosmopolita, mantém na sua escrita uma forte identificação com a cidade de Glasgow, onde nasceu, em 1920. Não por acaso, um de seus livros intitula-se *From Glasgow to Saturn*, uma escolha muito representativa para ilustrar seu universo de temas e formas e também sua afinidade pela astronomia[1].

Maior cidade da Escócia, com pouco mais de meio milhão de habitantes, Glasgow foi uma cidade essencialmente industrial. Bombardeada durante a Segunda Guerra Mundial, sua reconstrução e modernização podem ser observadas em paralelo no vigor da poesia de Edwin Morgan em direção ao Novo Mundo: das observações sobre o cotidiano da cidade até os avanços tecnológicos, Morgan celebra o século XX[2]. Parece compartilhar um

---

[1] Morgan, Edwin. *From Glasgow to Saturn*. Manchester: Carcanet Press, 1973.
[2] Whyte, Christopher. *Modern Scottish Poetry*. Edinburgh: Edinburgh University Press, 2004, p. 136.

desejo em comum com Maiakóvski, poeta que foi traduzido por ele para o inglês, de "incorporar em versos algo do dinamismo urbano, industrial e tecnológico do mundo moderno"[3]. As ferramentas utilizadas para incorporar esse dinamismo são diversas: Edwin Morgan foi professor de inglês na Universidade de Glasgow, tem um vasto conhecimento literário e traduziu poesia e prosa de várias línguas para o inglês: russo, húngaro, latim, italiano, alemão, entre outras. Além disso, sempre foi um criador e destruidor de formas de linguagem, e essa diversidade é a marca mais constante da sua poesia, que abrange a tradição e a vanguarda, concretismo e *sound poems*, verso livre, sonetos, prosódia inovadora, invenções lingüísticas e *terza rima*[4]. Morgan justifica essa versatilidade com a seguinte observação:

> Eu penso que se você escreve muita poesia, descobre que diferentes tipos de abordagem são valiosos em circunstâncias diferentes. Várias vezes utilizei formas restritas, mesmo as formas mais difíceis como o soneto [...] Eu acredito que com determinados assuntos isso ajuda a concentrar sua mente no que você está fazendo[5].

---

[3] Ibidem.
[4] Kelly, Stuart. The misteries of Morganism. *Poetry Review*, v. 95, n. 3, 2005.
[5] Cambridge, Gerry. Edwin Morgan in conversation. *The Dark Horse*, issue 5, 1997, p. 34.

Claudia Kraszkiewicz[6], uma estudiosa da obra de Edwin Morgan, identifica na sua poesia um grande número de influências – além de Maiakóvski, outros poetas que Morgan traduziu, como Francesco Petrarca, Sándor Weöres, Eugenio Montale, Andrei Voznesensky, Attila József, além de William Blake, Percy Bysshe Shelley, G. M. Hopkins e John Milton, e também a filosofia de Bakhtin e Wittgenstein. Porém, destaca o papel de duas influências "catalistas" na sua escrita a partir dos anos 1960: a poesia dos *beatniks* (principalmente Allen Ginsberg) e a poesia experimental, que surgiu do contato e da correspondência com os poetas concretos brasileiros. A contracultura daquela década teve ainda uma característica muito particular na Escócia: a mistura de elementos folclóricos escoceses com a vanguarda internacional, e foi nessa época que Morgan começou a escrever poemas sobre Glasgow.

Considerando-se o amplo repertório da poesia de Edwin Morgan, a seleção escolhida aqui apresenta brevemente algumas facetas do poeta ao leitor brasileiro. O objetivo foi concentrar os temas mais correntes que se misturam nos seus poemas: a paisagem escocesa, os

---

[6] Kraszkiewicz, Claudia E. The Catalysts: Beat Poets, Experimental Poetry and Edwin Morgan. *Working Papers Journal,* 2003, Department of English Studies, University of Strathclyde.

poemas de amor, a cidade, a tecnologia, a televisão, o cinema, a música, os mitos, as viagens espaciais. Em uma carta para Alec Finlay, Morgan comenta seu entusiasmo por esses temas em um ano "divisor" na sua biografia:

> Eu quase dataria o começo da minha vida em 1960 em vez de 1920. Eu estava produtivo na poesia; eu estava apaixonado; eu estava fascinado pela exploração do espaço, a música popular despontou na época e foi um grande deleite, filmes (o cinema sempre significou muito para mim) – *La dolce vita, L'Avventura, Andrei Rublyov, 2001, O Evangelho segundo São Mateus, A Cor da Romã* – explodem por meio da imaginação; e mesmo uma imensa negativa como a Guerra do Vietnã (que parecia não acabar nunca) liberou tais jatos poderosos de preocupação humana que ela deixou naquela década um inesquecível talho no pergaminho[7].

Esta pequena amostra procura ainda obedecer a uma ordem que sofre intersecções, compondo uma espécie de trajetória em direção ao espaço, ou às "galáxias" e

---

[7] Justified Sinners: an Archaeology of Scottish Counter-Culture (1960-2000). Edinburgh: Pocketbooks, 2001.

às experimentações mais radicais da linguagem da sua fase concreta. Há de forma geral um elemento nos seus poemas que parece impelir em direção ao futuro, como um movimento amplo, em aberto. Sobre seu itinerário, observa:

> Eu penso na poesia, parcialmente, como um instrumento de exploração, como uma viagem espacial, em direção a novos campos de sentimento ou experiência, e parcialmente como uma maneira especial de registrar momentos e eventos, extraindo a "prosa" deles"[8].

O elemento prosaico, narrativo, da sua poesia assume várias vozes e confere inclusive vozes a objetos inanimados e criaturas lendárias, como o monstro do Lago Ness, e a mitos já falecidos, como em "Je ne regrette rien", em que Morgan conta a biografia de Edith Piaf utilizando a própria voz da cantora[9]. Essa narrativa em primeira pessoa, como uma espécie de monólogo dramático, é observada na maior parte dos seus "poemas de amor" para reforçar uma atmosfera de reflexão, de

---

[8] Thomson, Geddes, *The Poetry of Edwin Morgan*. Aberdeen: Association for Scottish Literary Studies, 1986, p. 1.
[9] Ibidem.

intimidade, de situações bastante reservadas entre duas pessoas. Iain Crichton Smith, em um ensaio denominado "The Public and Private Morgan" observou que a *persona* privada de Morgan pode ser vislumbrada, mesmo que de forma codificada, por meio desses poemas[10]. É interessante ainda que sejam compreendidos em conjunto, mais que individualmente, como uma seqüência que explora os êxtases do amor e da paixão, como em "Morangos", mas também as angústias, o isolamento emocional, o medo antecipado da perda e o cárater temporário da maioria dos relacionamentos[11]. Uma espécie de nostalgia melancólica é observada, por exemplo, em "O divisor":

> Continuo pensando em você – o que é ridículo.
> Estes anos entre nós como um mar.
> E a dignidade que veio com o tempo
> impediria meu lápis sobre o papel.

Esses poemas representam um capítulo à parte na sua obra, pois exibem recursos de escrita que camuflam o gênero e a sexualidade das personagens, como

---

[10] Smith, Iain Crichton. "The Public and Private Morgan", in *About Edwin Morgan*, ed. Robert Crawford and Hamish Whyte. Edinburgh: Edinburgh University Press, 1990, pág. 38.
[11] Thomson, Geddes. *The Poetry of Edwin Morgan*, Aberdeen: Association for Scottish Literary Studies, 1986, p. 29-32.

a abolição dos pronomes possessivos e a neutralidade do *"you"*. O homossexualismo só foi discriminalizado na Escócia em 1980[12], mas é simplista argumentar que Morgan utilizou este recurso apenas para disfarçar a sua orientação homossexual. Os poemas devem ser entendidos nesse contexto histórico, mas também como uma tensão da sua personalidade reservada – *"Many things are unspoken/ in the life of a man"* – e da sua tentativa de fugir a rótulos e categorizações através da linguagem, do ventriloquismo e dos códigos.

Cenas de Glasgow são focadas nessa pequena seleção por Morgan, um "registrador maldito" da cultura *Glaswegian* em poemas como "Na Estação Central" e "O Início", onde faz menção ao poeta Hugh McDiarmid, e também de um ângulo confinado da cidade, entre paredes, em "Fumaça". Fora da cidade, Morgan fotografa outra paisagem, o magnífico cenário da Escócia: as colinas de Kilpatrick, a costa do país, o contraste entre mar e montanha.

Mitos da época e seus finais trágicos são homenageados na sua poesia: a morte de Marilyn Monroe, o suicídio de Hemingway, Edith Piaf. A tecnologia e a música estão presentes: em um dos seus poemas "privados" a cena se passa na frente da televisão; em outro,

---

[12] Whyte, Christopher, op.cit.

o *rock'n roll* dos Stones é a trilha sonora de uma "noite selvagem". Cinéfilo, Edwin Morgan homenageia o cinema na série "Cinco poemas sobre diretores de filmes", com uma atmosfera bastante imagética, que habilmente captura a dicção utilizada no trabalho desses diretores.

Rumo ao espaço, a distância maior em "Afastado" é a proximidade, onde o olhar mais de perto sobre o amor situa-se "além da névoa de Júpiter". Em "Planetas", ouve-se a música do compositor inglês Gustav Holst. "Espaço Translunar Março de 1972" pertence à série de poemas "instamáticos" de Morgan sobre as viagens espaciais e tem um senso de humor muito particular de alguns poemas seus.

Edwin Morgan é também um nome representativo na história da poesia concreta e traduziu poemas de Edgard Braga, Haroldo de Campos e Pedro Xisto para o inglês[13]. Dois poemas desta fase, "A Canção do Monstro do Lago Ness" e "Siesta de uma cobra húngara" foram incluídos aqui. "A Canção do Monstro do Lago Ness" é um poema onomatopéico, tem o formato do famoso lago escocês e é também um *sound poem*, gravado em audio[14].

---

[13] Morgan, Edwin. *Collected Translations*, Manchester: Carcanet Press, 1996, p. 302-305, 286-292, 483.
[14] Morgan, Edwin. Compact disk, 42:18. Poetry Archive, UK.

Como tradutor, Edwin Morgan diz que sempre procurou ser mais *"a gentil servant"* que um transcriador[15], e eu procurei ao máximo preservar a originalidade do seu trabalho nestas versões.

Virna Teixeira
Dezembro de 2005

---

[15] Morgan, Edwin. *Collected Translations*, op.cit., (Prefácio).

Na Estação Central

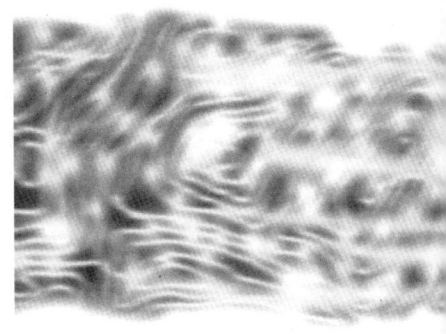

From the North

How many hundred miles is it into your heart
I know, I know.
The mountains fade into your face.
When I sail by the grey stacks
rny double guards you, though you are not faithful.
This Saturday on what corner
will you meet your next friend? Give him
a little only, while my foot slips here.
These things can kill, like those rocks.
The hard wind blows my thoughts
back from the boat-rail and out of meaning.
What is left till I see you?
This anorak, these knuckles, that kyle.

EDWIN MORGAN

Do norte

A quantas centenas de milhas está seu coração
eu sei, eu sei.
As montanhas evanescem na sua face.
Enquanto eu velejo pelos penhascos cinzentos
meu sósia vigia você, embora você não seja confiável.
Este sábado em que esquina
você encontrará seu próximo amigo? Dê a ele
um pouco apenas, enquanto meu pé escorrega aqui.
Estas coisas podem matar, como aquelas pedras.
O vento duro sopra meus pensamentos
de volta à amurada do barco e fora de sentido.
O que resta até eu vê-lo?
Este *anorak**, estes nós dos dedos, aquele estreito.

---

* *Anorak* – espécie de casaco impermeável. (N. da T.)

Strawberries

There were never strawberries
like the ones we had
that sultry afternoon
sitting on the step
of the open french window
facing each other
your knees held in mine
the blue plates in our laps
the strawberries glistening
in the hot sunlight
we dipped them in sugar
looking at each other
not hurrying the feast
for one to come
the empty plates
laid on the stone together
with the two forks crossed
and I bent towards you
sweet in that air
in my arms
abandoned like a child
from your eager mouth
the taste of strawberries

EDWIN MORGAN

Morangos

Nunca houve morangos
como os que tivemos
naquela tarde tórrida
sentados nos degraus
da porta-janela aberta
de frente um para o outro
seus joelhos encostados nos meus
os pratos azuis em nossos colos
os morangos brilhando
na luz quente do sol
nós os mergulhamos em acúçar
olhando um para o outro
sem apressar a festa
para chegar ao fim
os pratos vazios
deitados sobre a pedra juntos
com os dois garfos cruzados
e me aproximei de você
dócil naquele ar
nos meus braços
abandonado como uma criança
da sua boca ávida
o gosto de morangos

in my memory
lean back again
let me love you

let the sun beat
on our forgetfulness
one hour of all
the heat intense
and summer lightning
on the Kilpatrick hills

let the storm wash the plates

EDWIN MORGAN

na minha memória
inclina-se de volta
deixe-me amá-lo

deixe o sol bater
sobre o nosso esquecimento
uma hora de tudo
o calor intenso
e o relâmpago de verão
nas colinas de Kilpatrick

deixe a tempestade lavar os pratos

The Beginning

What potions have I drunk?
Not siren tears, where there was no come-on.
Your presence was enough to make me want
your presence, yet you were the pursuer.
What made you speak to me that night?
It comes up in flashes, a hubbub
of Yevtushenko autographs, MacDiarmid
being whisked to his car – Loki in a lounge-suit –
the Bute Hall skailing like a swarm of bees,
janitors hovering to shoo down the stairs
from Babiy Yar and Simbirsk Fair,
and you, a splash of red jeans against the wall
asking me about King Billy till
everything else went out
from my mind and we went out together
into a still cold clear November.
Now nothing is still – I shake.
Nothing is cold – I burn.
Nothing is clear – I toss and turn.
And somehow we've got through December.
Hope brings my fear of the year.

O início

Que poções eu bebi?
Sem lágrimas de sirenas, onde não havia chamado.
Sua presença foi o bastante para desejar
sua presença, ainda que fosse você o caçador.
O que fez você falar comigo naquela noite?
Vem em lampejos, um tumulto
de autógrafos de Yevtushenko, MacDiarmid
escoltado para o seu carro – Loki de terno
o Bute Hall fervendo como enxame de abelhas,
zeladores aspirando para enxotar pelas escadas
de Babiy Yar e Simbirsk Fair
e você, um esguicho de jeans vermelho contra a parede
me perguntando sobre King Billy até que
tudo o mais se foi
da minha mente e saímos juntos
em um ainda frio e claro novembro
Agora nada está tranqüilo – eu tremo.
Nada é frio – eu ardo.
Nada é claro – eu me mexo e viro.
E de alguma forma agüentamos dezembro.
A esperança traz meus temores do ano.

The Divide

I keep thinking of you – which is ridiculous.
These years between us like a sea.
And dignity that came with growing older
would stop my pencil on the paper.
The player was open; you asked for the Stones;
got that, got steaming coffee, conversation.
The heavy curtains kept a wild night out.
I keep thinking of your eyes, your hands.
There is no reason for it, none at all.
You would say I can't be what I'm not,
yet I can't not be what I am.
Where does that leave us? What can we do?
The silence after Jagger was like a cloak
I'd have thrown over you – only the wind
was left, and the clock ticked as you sipped,
clutching the green mug in both hands.
Don't look up suddenly like that!
How hard is not to watch you.
We had got to the stage of not talking
and not worrying, and that
was almost happy. Then, late,

EDWIN MORGAN

O divisor

Continuo pensando em você – o que é ridículo.
Estes anos entre nós como um mar.
E a dignidade que veio com o tempo
impediria meu lápis sobre o papel.
O som estava ligado; você pediu pelos Stones;
conseguiu, conseguiu café fresco, conversa.
As cortinas cerradas guardavam uma noite selvagem.
Continuo pensando nos seus olhos, suas mãos.
Não há razão para isto, nenhuma.
Você diria que não posso ser o que não sou,
mesmo que eu não possa ser o que sou.
Onde isso nos leva? O que podemos fazer?
O silêncio após Jagger foi como uma capa
que eu teria jogado sobre você – havia apenas
o vento, e o relógio batia enquanto você bebia,
agarrando a caneca verde entre as mãos.
Não olhe para cima assim de repente!
Como é duro não olhar você.
Chegamos ao ponto de não falar
e não se preocupar, e aquilo
foi quase feliz. Então, mais tarde,

when you lay on one elbow on the carpet
I could feel nothing but that hot knife
of pain telling me what it was,
and I can't tell you about it, not one word.

EDWIN MORGAN

quando você deitou sobre o cotovelo no carpete
não senti nada além de uma punhalada
de dor me dizendo o que era,
e não posso dizer para você, nem uma palavra.

The Woman

A string of pearls
in the dark window, that wet spring,
sometimes a white hand raised with a cigarette
blurred by rain and buses
anyhow. A lonely
ring.

Nothing she was waiting for
came, unless what took her
in the coldest arms.

It seems to be the pearls
we remember, for what they spoke
of another life than waiting,
and being unknown dying
in a high dark street.

Who she was you'll keep thinking.
The hearse rolled off in thunder,
but showers only lay dust.

EDWIN MORGAN

A mulher

Um colar de pérolas
na janela escura, aquela primavera úmida,
às vezes subia a mão alva com um cigarro
embaçada de alguma forma pela chuva
e pelos inúmeros ônibus. Um anel
solitário.

Nada do que ela esperava
aconteceu, exceto o que a envolveu
nos braços mais frios.

Parecem ser as pérolas
que lembramos, pois elas falavam
de uma outra vida que não a da espera,
e de morrer como uma desconhecida
em uma avenida escura.

Quem era ela vocês continuarão pensando.
O carro fúnebre estrondou num trovão,
mas dos céus só caiu pó.

Smoke

I scratch a gap in the curtains:
the darkest morning of the year
goes grey slowly, chains of orange street-lights
lose out east in Glasgow's haze. The smell
of cigarette smoke fills the bedroom. I drown
in it, I gulp you through my lungs again
and hardly find what can be breathed.
Are you destroying me? Or is it a comedy?
To get together naked in bed, was that all?
To say you had done it? And that we did nothing
was what you had done. Iago and Cassio
had a better night. It must be a laugh
to see us both washed out with lying there.
It doesn't feel like laughing, though,
it feels like gasping, shrieking, tearing, all in silence
as I leave your long curved back
and go through to the kettle and the eggs.

EDWIN MORGAN

Fumaça

Arranhei uma fenda nas cortinas:
a manhã mais escura do ano
lentamente se torna cinza, elos de luzes alaranjadas
perdem-se na névoa leste de Glasgow. O cheiro
de fumaça de cigarro preenche o quarto. Mergulho
nele, aspiro você pelos meus pulmões de novo
e mal encontro o que respirar.
Você está me destruindo? Ou é uma comédia?
Ficarmos nus juntos na cama, foi tudo?
Para dizer que você fez? E que não fizemos nada
foi tudo o que você fez. Iago e Cassio
Tiveram noite melhor. Deve ser uma piada
ver nós dois banhados, deitados ali.
Mas não parece engraçado, no entanto,
parece sufocante, gritante, dilacerante, tudo em silêncio
enquanto deixo suas longas costas curvadas
e vou pegar a chaleira e os ovos.

Absence

My shadow –
I woke to a wind swirling the curtains light and dark
and the birds twittering on the roofs, I lay cold
in the early light in my room high over London.
What fear was it that made the wind sound like a fire
so that I got up and looked out half-asleep
at the calm rows of street-lights fading far below?
Without fire
only the wind blew.
But in the dream I woke from, you
came running through the traffic, tugging me, clinging
to my elbow, your eyes spoke
what I could not grasp –
Nothing, if you were here!

The wind of the early quiet
merges slowly now with a thousand rolling wheels.
The light are out, the air is loud.
It is an ordinary January day.
My shadow, do you hear the streets?
Are you at my heels? Are you here?
And I throw back the sheets.

EDWIN MORGAN

Ausência

Minha sombra –
acordei com o vento rodopiando nas cortinas leves e escuras
e os pássaros cantando nos telhados, deitei com frio
na luz matinal do meu quarto sobre Londres.
Que medo foi este que fez o vento soar como o fogo
de forma que adormecido levantei e olhei para fora
as filas calmas das luzes das ruas evanescendo ao longe?
Sem fogo
só o vento soprava.
Mas no sonho que me acordou, você
veio correndo através do tráfego, me puxando, agarrando
meu cotovelo, seus olhos falaram
o que não pude alcançar –
Nada, se você estivesse aqui!

O vento da quieta madrugada
Funde-se agora com a engrenagem de mil rodas.
As luzes se foram, atmosfera é sonora.
É um dia ordinário de janeiro.
Minha sombra, você está por perto?
Você escuta o tráfego? Você segue meus passos?
E joguei as cobertas desperto.

At Central Station

At Central Station, in the middle of the day
a woman is pissing on the pavement.
With her back to the wall and her legs spread
she bends forward, her hair over her face,
the drab skirt and coat not even hitched up.
Her water hits the stone with force
and streams across into the gutter.
She is not old, not young either,
not dirty, yet hardly clean,
not in rags, but going that way.
She stands at the city centre, skeleton at the feast.
Executives off the London train
start incredulously but jump the river
and meekly join the taxi queue.
The Glasgow crowd hurries past,
hardly looks, or hardly dares to look,
or looks hard, bold as brass, as
the poet looks, not bold as brass
but hard, swift, slowing his walk
a little, accursed recorder, his feelings
as confused as the November leaves.
She is a statue in a whirlpool,
beaten about by nothing he can give words to,

EDWIN MORGAN

Na Estação Central

Na Estação Central, no meio do dia
uma mulher está mijando na calçada.
Com as costas para a parede e as pernas afastadas
ela inclina-se, o cabelo caindo sobre o rosto,
a saia sombria e o casaco nem sequer levantado.
Sua urina bate na pedra com força
e corre em direção à sarjeta.
Ela não é velha, nem jovem,
não é suja, tampouco limpa,
nem em trapos, mas naquele caminho.
Ela está no centro da cidade, o fantasma no banquete.
Executivos saindo do trem de Londres
assustam-se incrédulos mas pulam o rio
e mansamente juntam-se à fila do táxi.
A gente de Glasgow passa apressada,
mal olha, ou se atreve a olhar,
ou olha severamente, atrevida, como
o olhar do poeta, não duro como o aço
mas severo, rápido, diminuindo o passo
um pouco, registrador maldito, seus sentimentos
tão confusos como as folhas de novembro.
Ela é uma estátua em um redemoinho,
surrada por nada que ele possa dizer em palavras,

bleeding into the waves of talk
and traffic awful ichors of need.
Only two men frankly stop,
grin broadly, throw a gibe at her
as they cross the street to the betting-shop.
Without them the indignity,
the dignity, would be incomplete.

EDWIN MORGAN

sangrando nas ondas de conversa
e transita fluidos terríveis de necessidade.
Somente dois homens francamente param,
com um sorriso largo, jogam-lhe um insulto
enquanto cruzam a rua para apostar no jogo.
Sem eles a indignidade,
a dignidade, seria incompleta.

Oban Girl

A girl in a window eating a melon
eating a melon and painting a picture
painting a picture and humming Hey Jude
humming Hey Jude as the light was fading

In the autumn she'll be married

EDWIN MORGAN

Garota de Oban

Uma garota na janela comendo um melão
comendo um melão e pintando um quadro
pintando um quadro e cantarolando Hey Jude
cantarolando Hey Jude enquanto a luz evanesce

No outono estará casada

Aberdeen Train

Rubbing a glistening circle
on the steamed-up window I framed
a pheasant in a field of mist.
The sun was a great red thing somewhere low,
struggling with the milky scene. In the furrows
a piece of glass winked into life,
hypnotized the silly dandy; we
hooted past him with his head cocked,
contemplating a bottle-end,
And this was the last of October,
a Chinese moment in the Mearns.

EDWIN MORGAN

Trem de Aberdeen

Esfregando um círculo brilhante
na janela embaçada emoldurei
um faisão em um campo de névoa.
O sol era algo grande e rubro no horizonte,
lutando com a cena leitosa. Nos sulcos
um pedaço de vidro iluminou-se em vida,
hipnotizou o estúpido dândi; nós
apitamos diante dele com sua cabeça erguida,
contemplando um fundo-de-garrafa,
e este foi o final de outubro,
um momento chinês nas Mearns*.

---

* Mearns – área fértil da região de Aberdeen, no norte da Escócia, localizada ao sul de Stonehaven, entre o mar e as montanhas. (N. da T.)

At the Television Set

Take care if you kiss me,
you know it doesn't die.
The lamplight reaches out, draw it
blandly – all of it – into fixity,
troops of blue shadow like your cheek by the lamp
where you lie watching, half watching
between the yellow and the blue.
I half see you, half know you.
Take care if you turn now to face me.
For even in this room we are moving out through
                                                stars
and forms that never let us back, your hand
lying lightly on my thigh and my hand on your
                                                shoulder
are transfixed only there, not here.

What can you bear that would last
like a rock through cancer and white hair?

Yet it is not easy
to take stock of miseries
when the soft light flickers

EDWIN MORGAN

Na frente da televisão

Tome cuidado se você me beijar,
você sabe que não morre.
A luz da lâmpada se estende, desenha
suavemente – toda ela – em fixidez,
tropas de sombras azuis como seu maxilar sob a luz
onde você fica assistindo, meio assistindo
entre o amarelo e o azul.
Eu só vejo sua metade, só conheço sua metade.
Tome cuidado se virar agora para mim
pois mesmo neste quarto nos movemos fora e através
                                        das estrelas
e formas que nunca nos deixam voltar, sua mão
que repousa levemente na minha coxa e minha mão no
                                        seu ombro
estão transfixadas somente lá, não aqui.

O que você poderia suportar que duraria
como uma pedra através de câncer e cabelo branco?

Ainda assim não é fácil
fazer balanço de misérias
quando a luz macia pisca

along our arms in the stillness
where decisions are made.
You have to look at me,
and then it's time that falls
talking slowly to sleep.

EDWIN MORGAN

sobre os nossos braços na quietude
onde decisões são tomadas.
Você tem que olhar para mim,
e então é o tempo que cai
numa conversa lenta até dormir.

Five Poems on Film Directors

Antonioni

Trees are drowning in salt. The keyhole whines.
He's left his boat
in the reed-bed, her book
and idiotic gloves where she threw them.
Beyond the canal the tankers prowl
north to south, their call
lingers across the marshes.
'Why did you wait till the summer was over
before you came?' 'Why did you wait for me
if you'd rather have a boat than a woman?'
"It wasn't that. It isn't that.'
'I'm going.' 'Send back the car.'
'With Sandro? You're joking.' 'It's cold.'
The silver car between the poplars
like a fish in reeds.
He lives on peppermints and blues
    or
He is tearing photographs for a living
    or
He has been sent death, is opening it
    or

EDWIN MORGAN

Cinco poemas sobre diretores de cinema

Antonioni

Árvores afogando em sal. O buraco da fechadura geme.
Ele deixou seu barco
no leito de junco, o livro dela
e luvas idiotas onde ela as jogou.
Além do canal os combatentes rondam
de norte a sul, seu chamado
continua através dos pântanos.
'Por quê você esperou o verão terminar
antes de vir?' 'Por quê você esperou por mim
se preferia ter um barco que uma mulher?'
"Não foi isso. Não é isso.'
'Já vou.' 'Mande o carro de volta.'
'Com Sandro? Deve estar brincando.' 'Está frio.'
O carro prateado entre os álamos
como um peixe nos juncos.
Ele vive de balas de hortelã e blues
      ou
Ele recorta fotografias para ganhar a vida
      ou
Enviaram para ele a morte, está abrindo agora
      ou

Grierson

Then the nets rose and fell
in the swell. Then the dark water
went fiery suddenly, then black.
Then with a haul it was all
fire, all silver fire
fighting down the black. Then the fire
rose in the air slowly,
struggling over the side of the boat.
Then it was deck and hold.
Then it was the dance of death
in silver with grey gulls.
Then it was low clouds, bars of light,
high water slapping, choppy wake
and oilskin tea then.

EDWIN MORGAN

Grierson

Depois as redes subiram e caíram
sobre a onda. Depois a água escura
incendiou subitamente, depois escureceu.
Depois com uma pescada tudo era
fogo, tudo fogo prateado
lutando contra o escuro. Depois o fogo
subiu no ar lentamente,
debatendo sobre o lado do barco.
Depois era convés e cabo.
Depois era a dança da morte
em prata com gaivotas cinzas.
Depois eram nuvens baixas, barras de luz,
água alta estapeando, rasto agitado
e chá de impermeável depois.

---

* Aqui o autor faz referência a casacos impermeáveis que os pescadores usam no Mar do Norte.

Warhol

We are turning orange. They are turning purple.
The spindle is turning out metamorphic rock.
Lighting a cigarette, he is turning she.
The Empire State is turning dark
all day. The beach has gods on it,
turning their backs on each other
as each one swivels on a visitor.
The pickup sparks and spits, two
stereo corners turn redhot.
In the glow she turns vague, bends,
and a split second turns her
in the next cycle of darkness.
They shriek like parrots, and as bright,
they are half turning into birds.
Two on a sofa turn a fanzine,
my dear. We turn on, off, on.
A wig drifts, she
turns he. He sh-
rieks in orange. We
drift to the door.
It turns. It turns out
the world after all,
steady as the Empire State
being blown by the wind.

EDWIN MORGAN

Warhol

Nós nos tornamos laranja. Eles se tornam roxo.
O fuso está se tornando rock metamórfico.
Acendendo um cigarro, ele se torna ela.
O Empire State está se tornando escuro
o dia todo. Na praia há deuses,
que tornam suas costas um para o outro
enquanto cada um gira-se num visitante.
A *pickup* centelha e cospe, dois
cantos de stereo incandescentes.
No brilho ela se torna vaga, inclina-se,
e uma fração de segundo a torna
em um próximo ciclo de escuridão.
Eles gritam como papagaios, e tão radiantes,
todos se tornando metade pássaro.
Dois no sofá tornam um fanzine,
querido. Estamos ligados, desligados, ligados.
Uma peruca vagueia, ela
se torna ele. Ele gri-
ta em laranja. Nós
vagamos para a porta.
Torna-se. Retorna-se
ao mundo enfim,
parado como o Empire State
soprado pelo vento.

Kurosawa

Glade sword, glint running.
Tree shiver, choked cry.
River shadow, full quiver.
    Dusk mounds, old wind.
    Grave mounds, cold wind.
Thatch fire, child running.
Plunder cart, thousand ashes.
Village rain, storm forest.
Storm gods, rain ghosts.
Restless fathers, prayer hearths.
Jogging banners, thrones dissolving.
Blood crop, dog pot.
    Dust mounds, old wind.
    Grave mounds, cold wind.
Cracked stove, slow crumple.
Moon blade, rolled skull.
Blood brother, spangled ambush.
Sun coins, bird calls.
Bent bow, man running.
Bent bow, body jumping.
Bent bow, neck streaming.
Bent bow, knees broken.
Bent bow, breast nailed.

EDWIN MORGAN

Kurosawa

Espada da clareira, brilho correndo.
Tremor de árvore, choro engasgado.
Sombra de rio, abalo completo.
    Moinhos de pó, velho vento.
    Moinhos de cova, gélido vento.
Fogo de colmo, criança correndo.
Carroça empilhada, milhares de cinzas.
Chuva da vila, floresta da tormenta.
Deuses da tormenta, fantasmas da chuva.
Pais inquietos, lareiras de preces.
Jogando faixas, tronos dissolvendo.
Colheita de sangue, pote de cão.
    Moinhos de pó, velho vento.
    Moinhos de cova, gélido vento.
Forno rachado, amarrotado lento.
Lâmina da lua, crânio degolado.
Irmão de sangue, cilada suntuosa.
Moedas do sol, cantos de pássaro.
Arco inclinado, homem correndo.
Arco inclinado, corpo pulando.
Arco inclinado, pescoço fluindo.
Arco inclinado, joelhos quebram.
Arco inclinado, peito cravado.

Bent bow, bent bow.
Bent bow, bent bow.
    Dust mounds, old wind.
    Grave mounds, cold winds.

EDWIN MORGAN

Arco inclinado, arco inclinado.
Arco inclinado, arco inclinado.
    Moinhos de pó, velho vento.
    Moinhos de cova, gélidos ventos.

Godard

– and the walls were very white, the girl
being interrogated was speaking slowly
but her words were lost in the gunbursts
coming up from the street –

    slumped in the café, featureless brown room
    with a radio blaring, one window
    opening on a filthy garden
    with a sort of chickenrun –
    whether he was only drunk, or dead –

        'the audience has no means of knowing
        and that's it' / in the skyscraper lift
                at the nineteenth floor

            'All right, 20 thousand
            cheap at the price'

– no, the interrogation was long before.
She went into the country –

            the junction not
            'like' a spider's web

EDWIN MORGAN

Godard

– as paredes todas muito brancas, a garota
falava devagar ao ser interrogada
mas as palavras perdiam-se nos sons de balas
vindas da rua –

    caído no café, quarto marrom asséptico
    o clangor do rádio, uma janela
    abrindo-se num jardim sujo
    com uma espécie de galinheiro –
    se ele estava apenas bêbado, ou morto –

        'o público não tem meios de saber
        e é isto' / no elevador do arranha-céu
                no décimo-nono andar

                'tudo bem, 20 mil
                uma pechincha'

– não, a interrogação foi muito antes.
Ela foi para o campo –
                a junção não
                'como' uma teia de aranha

     keeps catching trains –
     the bridges he'd been over –
     really a blank sky

ALL REACTIONARIES ARE PAPER TIGERS

– she'd come to the bridge without knowing it
but it was already too late, they had their dogs,
easy even without searchlights –

BUT THEY ARE ALSO REAL TIGERS
WHO HAVE DEVOURED MILLIONS OF
         PEOPLE

     'It isn't cinema at all
     without a flow of images,
     Godard's destroying the cinema'

BUT ON THE OTHER HAND THEY ARE
       PAPER TIGERS
BECAUSE NOW THE PEOPLE HAVE POWER

  and the coupé slid over
  in a cool cliché into the sea

EDWIN MORGAN

continua pegando trens –
as pontes onde ele se debruçou –
na verdade um céu em branco

TODOS OS REACIONÁRIOS SÃO TIGRES DE
PAPEL

– ela tinha vindo para a ponte sem que soubesse
mas já era tarde, eles tinham seus cachorros,
fácil mesmo sem lanternas –

MAS ELES TAMBÉM SÃO TIGRES REAIS
QUE TÊM DEVORADO MILHÕES DE
PESSOAS

'Não há cinema
sem um fluxo de imagens,
Godard está destruindo o cinema'

MAS POR OUTRO LADO ELES SÃO TIGRES
DE PAPEL
PORQUE O POVO AGORA TEM PODER

e o conversível deslizou sobre
um clichê bacana no mar

Je ne regrette rien
in memory of Edith Piaf

Smoky sky.
In autumn wind
I stroll by the quays
in the last light
my coat flaps, flaps,
wet chestnut leaves
spatter the Seine.
I glance in a window
and touch my hair, yes
I am tiny as they say,
tiny as a sparrow.
Now the lights come on.
I stand under the lamp,
turn up my collar
in a circle of rain
and wait for you.

It's all beginning again.
Dead leaves or spring
it comes back, it begins.
How could I struggle?
When you held me, your shoulders
were a wall, I sheltered

EDWIN MORGAN

Je ne regrette rien
em memória de Edith Piaf

Céu esfumaçado.
No vento de outono
caminho pelo cais
na luz tardia,
meu casaco dobra, dobra,
folhas de castanheiros
respingam no Sena.
Olho de relance na janela
e toco meu cabelo, sim
sou pequena como dizem,
pequena como um pardal.
Acendem as luzes agora.
Fico sob a lâmpada,
viro minha gola
em um círculo de chuva
e espero por você.

Está tudo começando de novo.
Folhas mortas ou primavera
retornam, recomeça.
Como eu poderia lutar?
Quando você me abraçou, seus ombros
eram um muro, me abriguei

in your shadow, it began.
They say I couldn't count my men –
in thirty years I couldn't count them!
but who counts years?
Count the years I was blind?
Dandled in a brothel? Taught by the whores?
Count the prayers that gave me my sight at Lisieux?
Or the heartbeats of my daughter, in thousands,
when I bore her at fourteen
till she starved and died?
Count the crusts I've had, or those I've given?
The gutters I've sung in, or the great halls?
Count the glasses I've drunk? Count the beds
I've lain in, the lips I've kissed?
I can't count the surgeons who've opened me –
do you think my lovers are in a book?
Do you want me to start counting tears?
Count what? The cost? What cost? I won!

No! let the man that had me go their ways.
I regret nothing, nothing. Some were kind.
But I don't care if they were kind!
I don't remember if it was bad.
I don't keep the past in my pocket.
I've paid for it all, I've forgotten it all.

EDWIN MORGAN

na sua sombra, começou.
Dizem que não poderia contar meus homens –
em trinta anos eu não poderia contá-los!
Mas quem conta os anos?
Contar os anos quando estive cega?
Crescendo num bordel? Educada pelas putas?
Contar as preces que me trouxeram a visão em Lisieux?
Ou os batimentos da minha filha, aos milhares,
quando eu a tive aos quatorze anos
até que ela morresse de fome?
Contar as migalhas que recebi, ou as que dei?
As espeluncas onde cantei, ou os grandes concertos?
Contar os copos que bebi? Contar as camas
onde deitei, os lábios que beijei?
Não posso contar os cirurgiões que me abriram –
você pensa que meus amantes estão num livro?
Quer que eu comece a contar as lágrimas?
Contar o quê? O custo? Que custo? Eu ganhei!

Não! Deixe partir os homens que me tiveram.
Não me arrependo de nada, nada. Alguns foram gentis.
Mas não ligo se foram gentis!
Eu não lembro se foi ruim.
Não guardo o meu passado no bolso.
Paguei por tudo, esqueci tudo.

I've paid for it all, I've forgotten it all.
I strike a match to my memories,
they light a fire and disappear.

I warm my arms tonight
the fire begins
the stars come out
yes it begins
I am forty-five
it begins again
I hear his step
yes it begins
his broad shoulders
glisten through the rain
I can see
the dead cigarette
in his firm mouth
he throws it aside
it begins and
I regret nothing

We sway in the rain,
he crushes my mouth.
what could I regret
if a hundred times

EDWIN MORGAN

Paguei por tudo, esqueci tudo.
Risco um fósforo para minhas memórias,
Elas acendem o fogo e desaparecem.

Aqueço meus braços esta noite
o fogo começa
as estrelas despontam
sim começa
tenho quarenta e cinco
começa de novo
escuto seu passo
sim começa
seus ombros largos
brilham na chuva
posso ver
o cigarro apagado
na sua boca firme
que ele joga para o lado
começa e
não me arrependo de nada

Cambaleamos na chuva
ele esmaga minha boca.
De que eu me arrependeria
se centenas de partidas

of parting struck me
like lightning if this
lightning of love
can strike and
strike
again!

EDWIN MORGAN

me atingiram
como um raio se este
raio de amor
pode atingir e
atinge
de novo!

The Old Man and the Sea

And a white mist rolled out of the Pacific
and crept over the sand, stirring nothing –
cold, cold as nothing is cold
on those living highways, moved in
over the early morning trucks,
chilling the drivers in theirs cabins
(one stops for a paper cup
of coffee, stares out through the steam
at the mist, his hands on the warm cup
imagine the coldness, he throws out the cup
and swears as the fog rolls in, drives on
frowning to feel its touch on his face) –
and seagulls came to shriek at cockcrow
swooping through the wakening farms,
and the smoke struggled from the lumber camps
up into the smoke from the sea,
hovered in the sunless morning
as a lumberman whistled at the pump,
and sea-mist took the flash from the axe.
And above the still lakes of Oregon
and the Blue Mountains into Idaho
eastward, white wings brushing the forests,
a white finger probing the canyon

EDWIN MORGAN

O velho e o mar

E uma névoa branca rolou do Pacífico
e deslizou sobre a areia, sem remexer nada –
fria como não há nada igual
naquelas estradas vivas, moveu-se
sobre os primeiros caminhões da manhã,
congelando os motoristas em suas cabines
(um deles faz uma pausa para tomar
um café, fixa o olhar através do vapor
na névoa, suas mãos em volta do copo quente
imagine o frio, ele joga o copo descartável fora
e xinga enquanto o nevoeiro chega, segue adiante
franzindo o rosto para sentir seu toque) –
e gaivotas vieram para gritar no alvorecer
descendo através das fazendas ao despertar
e a fumaça lutou dos campos de serragem
para cima rumo à fumaça do mar,
aspirando na manhã sem sol
enquanto um lenhador assoviou na bomba,
e a névoa do mar envolveu o brilho do machado.
E sobre os lagos parados do Oregon
e as Blue Mountains em direção a Idaho,
asas brancas escovando florestas,
um dedo branco investigando o canal

by Wood River, delicate, persistent, at last
finding by the half-light, in a house of stone,
a white-bearded man like an old sea-captain
cleaning a gun. – Keep back the sea,
keep back the sea! No reassurance
in that daybreak with no sun,
his blood thin, flesh patched and scarred,
eyes grown weary of hunting
and the great game all uncaught.
It was too late to fight the sea.
The raised barrel hardly gleamed
in that American valley, the shot
insulted the morning, crude and quick
with the end of a great writer's life –
fumbling nothing, but leaving questions
that echo beyond Spain and Africa.
Questions, not answers, chill the heart here,
a chained dog whining in the straw,
the gunsmoke marrying the sea-mist,
and silence of the inhuman valleys.

EDWIN MORGAN

pelo Wood River, delicado, persistente, finalmente
encontrando à meia-luz, em uma casa de pedra,
um homem de barba branca como um velho capitão do mar
limpando uma arma. – Detenha o mar,
detenha o mar! Nenhuma garantia
naquele amanhecer sem sol,
seu sangue ralo, carne retalhada e cicatrizada,
olhos já exaustos de caçar
e a grande caça não conquistada.
Era tarde demais para lutar contra o mar.
O cano levantado mal brilhava
naquele vale americano, o tiro
insultou a manhã, rude e veloz
com o fim da vida de um grande escritor –
sem atrapalhar nada, mas deixando questões
que ecoam além da Espanha e África.
Questões, não respostas, gelam o coração aqui,
um cão acorrentado gemendo na palha,
a fumaça da arma se unindo à névoa do mar,
e silêncio de vales desumanos.

The Death of Marilyn Monroe

What innocence? Whose guilt? What eyes? Whose breasts?
Crumpled orphan, nembutal bed,
white hearse, Los Angeles,
Di Maggio! Los Angeles! Miller! Los Angeles! America!
That Death should seem the only protector –
That all arms should have faded, and the great cameras and lights
    become an inquisition and a torment –
That the many acquaintances, the autograph-hunters, the
    inflexible directors, the drive-in admirers should become
    a blur of incomprehension and pain –
That lonely Uncertainty should limp up, grinning, with
    bewildering barbiturates, and watch her undress and lie
    down and in her anguish
call for him! call for him to strengthen her with what could
    only dissolve her! A method
of dying, we are shaken, we see it. Strasberg!
Los Angeles! Olivier! Los Angeles! Others die

EDWIN MORGAN

A morte de Marilyn Monroe

Que inocência? De quem a culpa? Que olhos? De quem
                                                os seios?
Orfã amarrotada, leito de nembutal,
carro fúnebre branco, Los Angeles,
Di Maggio! Los Angeles! Miller! Los Angeles! América!
Que a Morte deveria parecer o único protetor –
Que todos os braços deveriam ter desvanecido, e as
                                        grandes câmeras e luzes
tornaram uma inquisição e um tormento –
Que os muitos conhecidos, os caçadores de autógra-
                                                 fos, os
diretores inflexíveis, os fãs de *drive-ins*
                                                       deveriam tornar
uma mancha de incompreensão e dor –
Que solitária Incerteza deveria tropeçar, sorrindo, com
        barbitúricos atordoados, e olhá-la ao se despir
                                                          e deitar
sobre e na sua angústia
chamem por ele! Chamem por ele para fortalecê-la com
                                                   o que poderia
apenas dissolvê-la! Um método
de morrer, estamos chocados, assistindo. Strasberg!
Los Angeles! Olivier! Los Angeles! Outros morrem

and yet by this death we are a little shaken, we feel it,
America.
Let no one say communication is a cantword.
They had to lift her hand from the bedside telephone.
But what she had not been able to say
perhaps she had said. 'All I had was my life.
I have no regrets, because if I made
any mistakes, I was responsible.
There is now – and there is the future.
What has happened is behind. So
it follows you around? So what?'– This
to a friend, ten days before.
And so she was responsible.
And if she was not responsible, not wholly responsible,
                        Los Angeles?
      Los Angeles? Will it follow you around? Will the
                                       slow
     white hearse of the child of America follow you
                                        around?

EDWIN MORGAN

e ainda por causa desta morte estamos um pouco
                          chocados, nós a sentimos,
América.
Não deixe ninguém dizer que a comunicação é um jargão.
Eles tiveram que levantar a mão dela do telefone ao lado
                          da cama.
Mas o que ela não foi capaz de dizer
talvez ela tenha dito. 'Tudo o que eu tinha era minha vida.
Não me arrependo, porque se cometi
alguns erros, eu fui a responsável.
Existe o agora – e existe o futuro.
O que aconteceu ficou para trás. Então
te segue? E daí?' – Isso
para uma amiga, dez dias antes.
E então ela foi responsável.
E se ela não foi responsável, não completamente res
                          ponsável, Los Angeles?
       Los Angeles? Vai te perseguir? Será que o lento
       carro fúnebre branco da criança da América vai
                          seguir?

Estranged

far far away
beyond the mist of Jupiter
was the longest look
we took at love

it seemed you were there
and I was on Earth
I could not hear you
crying in pain

till like a ghost
you came beneath the low sun
again home
to my door

and laid a hand
of the ice where you had been
on my wrist as you pretended
to come in

but what came in
was a breath of demons
that froze love
swept the house bare

EDWIN MORGAN

Afastado

longe muito longe
além da névoa de Júpiter
foi o olhar mais demorado
que tivemos do amor

parecia que você estava lá
e eu na terra
não conseguia ouvi-lo
chorando de dor

então como um fantasma
você veio sob o sol poente
para casa outra vez
na minha porta

e estendeu a mão
do gelo onde esteve
no meu pulso enquanto fingia
entrar

mas o que entrou
foi um sopro de demônios
que gelou o amor
e esvaziou a casa

we sit like chairs
in unforgiving air
whatever is said or not said
of how or where

EDWIN MORGAN

sentamos como cadeiras
em um ar que não perdoa
o que será dito ou não dito
de como ou onde

Planets

The planets move, and earth is one, I know.
Blue with endlessly moving seas,
white with clouds endlessly moving,
and the continents creep on plates
endlessly moving soundlessly.
How should we be exempt
or safe from change, we walk
on mercury from birth to death.
A face comes through the crowd, lips move, new
                                              eyes,
and the house of roots trembles,
its doors are slack, its windows yawn
a place not known to be defenceless
undefended. Who wants sedge
at the streak of the kingfisher?
Now you have almost worn out my tape
of 'The Planets', but I don't know yours,
or your sign, though Mars the Bringer of War
is what you play most. We've talked
of Jenghiz Khan, of Christ, of Frankstein.
I don't know whether you believe
in the fate I can't not believe in,
simply to watch you swinging
in my black vinyl chair,
even bringing war.

EDWIN MORGAN

Planetas

Os planetas se movem, um deles é a terra, eu sei.
Azul com mares que movem-se infinitamente,
branca com nuvens que infinitamente se movem
e os continentes deslizam sobre placas
que infinitamente movem-se silenciosamente.
Como ficaríamos isentos
ou livres da mudança, caminhamos
sobre mercúrio do nascimento à morte.
Uma face surge na multidão, os lábios se movem, novos
                                                                    olhos,
e a casa de raízes treme,
suas portas são caídas, as janelas têm lacunas
um lugar que sempre foi defensivo
sem defesas. Quem quer caniço
no rasto do martim-pescador?
Agora você quase já esgotou minha fita
de 'Os planetas', mas não conheço a sua,
ou o seu signo, embora Marte o Mensageiro da Guerra
é o que você toca mais. Conversamos
sobre Jenghiz Khan, Cristo, Frankstein.
Não sei se você acredita
no destino em que eu não posso não acreditar,
apenas observar você balançando
na minha cadeira preta de vinil,
mesmo que traga a guerra.

Translunar Space March 1972

The interior of Pioneer-10,
as it courses smoothly beyond the Moon
at 31,000 miles an hour,
is calm and full of instruments.
No crew for the two-year trip to Jupiter,
but in the middle of the picture
a gold plaque, six inches by nine,
remedies the omission. Against a diagram
of the planets and pulsars of our solar system and galaxy,
and superimposed on an outline of the spacecraft
in which they are not travelling
(and would not be as they are shown
even if they were) two quaint nude figures
face the camera. A deodorized American man
with apologetic genitals and no pubic hair
holds up a banana-like right hand
in Indian greeting, at his side a woman,
smaller, and also with no pubic hair,
is not allowed to hold up her hand,
stands with one leg off-centre, and
is obviously an inferior sort
of the same species. However,
the male chauvinist pig

EDWIN MORGAN

Espaço translunar março de 1972

O interior da Pioneer-10,
no seu curso suave para além da Lua
a 31.000 milhas por hora,
é calmo e cheio de instrumentos.
Sem tripulação para a viagem de dois anos até Júpiter,
mas no meio do cenário
uma placa de ouro, de seis por nove polegadas,
remedia a omissão. Contra um diagrama
de planetas e pulsares do nosso sistema solar e galáxia,
e sobrepostas num contorno da nave espacial
na qual não estão viajando
(e não estariam como parecem
mesmo que estivessem) dois bizarros vultos nus
olham para a câmera. Um americano desodorizado
com genitais apologéticos e sem pêlos públicos
ergue a mão direita como uma banana
numa saudação indiana, do seu lado uma mulher,
menor, e também sem pêlos públicos,
é proibida de levantar sua mão,
fica em pé com uma perna afastada, e
obviamente é um tipo inferior
da mesma espécie. Entretanto,
o porco chauvinista

has a sullen expression, and the woman
is faintly smiling, so
interplanetary intelligences may still have homework.
Meanwhile, on to the Red Spot,
Pluto, and eternity.

EDWIN MORGAN

tem uma expressão grave, e a mulher
está sorrindo vagamente, assim
inteligências interplanetárias podem ainda ter trabalho.
Por enquanto, para frente rumo a Mancha Vermelha,
Plutão, e eternidade.

The Loch Ness Monster's Song

Sssnnnwhuffffll?
Hnwhuffl hhnnwfl hnfl hfl?
Gdroblboblhobngbl gbl gl g g g g glbgl.
Drublhaflablhaflubhafgabhaflhafl fl fl –
gm grawwwww grf grawf awfgm graw gm.
Hovoplodok-doplodovok-plovodokot-doplodokosh?
Splgraw fok fok splgrafhatchgabrlgabrl fok splfok!
Zgra kra gka fok!
Grof grawff ghaf?
Gombl mbl bl –
blm plm,
blm plm,
blm plm,
blp.

EDWIN MORGAN

A canção do monstro do Lago Ness

Hhhnnnuuuhffffff?
Hnnhuffl hhnnnfl hnfl hfl?
Glgoblboblhobngbl gbl gl g g g g glogl.
Drablhaflablhaflubhafgabhaflhafl fl fl –
gm grummmmm grf grumf umfgh grum gm.
Bavoplodom-doplodavom-plavodocon-doplodaconh?
Sepgram cof cof sppgranhanchgrablgrabl cof selcof!
Agra crg gra fff!
Gruf graff ghaf?
Gombl mbl bl –
blu plb,
blu plb,
blu plb,
blb.

Siesta of a Hungarian Snake

s sz sz SZ sz SZ sz ZS zs ZS zs zs z

EDWIN MORGAN

Siesta de uma cobra húngara

s sz sz SZ sz SZ sz ZS zs ZS zs zs z

Este livro foi composto em Times New
Roman e impresso em dezembro de 2006
pela Gráfica e Editora Positiva Ltda.,
sobre papel off-set 75g/m².